Décret du 26 juin 1903

ET

Arrêté ministériel du 2 mai 1904

MOYENS DE SAUVETAGE

RÈGLEMENTAIRES

A BORD DES NAVIRES

AFFECTÉS AU TRANSPORT DES PASSAGERS

PARIS

AUGUSTIN CHALLAMEL, ÉDITEUR

Rue Jacob, 17

Librairie Maritime & Coloniale

1904

Décret du 26 juin 1903
ET
Arrêté ministériel du 2 mai 1904

MOYENS DE SAUVETAGE

RÈGLEMENTAIRES

A BORD DES NAVIRES

AFFECTÉS AU TRANSPORT DES PASSAGERS

PARIS

Augustin CHALLAMEL, Éditeur

Rue Jacob, 17

Librairie Maritime & Coloniale

1904

Ministère de la Marine.

RAPPORT AU PRÉSIDENT DE LA RÉPUBLIQE FRANÇAISE

Paris, le 23 juin 1903.

Monsieur le Président,

Le pays tout entier éprouva une douloureuse surprise, quand, à la suite d'une catastrophe récente, il apprit à la fois que des navires, chargés du transport des passagers, manquaient des précautions nécessaires à la préservation de la vie humaine, même quand les plus cruels accidents se produisaient presque au contact de nos rivages ; que le Gouvernement n'avait pas encore le droit de leur imposer ces précautions ; que, cependant, le législateur avait, depuis plus de dix ans, fait le nécessaire pour les lui donner ; mais que des retards dans la rédaction du règlement exigé par la loi de 1891 laissaient, après un si long espace de temps, l'Etat encore désarmé en présence d'un de ses devoirs les plus incontestables et les plus incontestés.

En effet, la loi de 1891 frappait d'une amende de 50 à 1.500 fr. tout capitaine qui prendrait la mer sans être pourvu des moyens de sauvetage fixés par un règlement d'administration publique, qu'elle enjoignait d'établir. Ce règlement n'était pas encore édicté, quand vous m'avez fait l'honneur de me confier la direction du département de la marine ; et rien ne m'avait permis de soupçonner une lacune à la fois si ancienne et en apparence si extraordinaire.

Le projet avait pourtant été élaboré depuis longtemps, depuis longtemps examiné par le conseil d'Etat, et finalement soumis, près des intéressés, à une enquête minutieuse. C'est ce projet, tel qu'il est sorti de délibération au conseil d'Etat, que je vous propose de sanctionner par décret, sauf de très peu nombreuses et très légères modifications, dont aucune ne touche au fond des choses, et qui sont surtout destinées à remettre le texte en harmonie avec l'état de choses actuel. Ces modifications s'imposaient, en présence d'un

texte dont l'élaboration remontait déjà à un certain temps, et
le Gouvernement aurait été inexcusable si, pour en faire l'objet de nouvelles études, que leur caractère rend inutiles, il
avait exposé à de nouveaux retards un règlement que toute
la France s'étonne de ne pas voir encore parmi les textes qui
arment le Gouvernement au profit de l'intérêt général.

Assurément, ce règlement ne suffit pas à combler les
lacunes de la législation actuelle, et sous le coup de l'émotion
causée dans le pays par un malheur récent, j'ai eu l'occasion
de rappeler que déjà j'avais mis à l'étude des mesures complémentaires. Mais l'établissement de ces dernières mesures
dépasserait mes pouvoirs; il appartient au Parlement seul de
les sanctionner : elles lui seront soumises sans délai. Ce qu'il
faut faire avant tout, c'est de donner à la loi de 1891 son
complément nécessaire.

Si vous approuvez ces propositions, je vous prie de revêtir
de votre signature le présent décret.

Le Ministre de la Marine,
Camille Pelletan.

DÉCRET DU 26 JUIN 1903.

Le Président de la République française,

Sur le rapport du Ministre de la Marine,

Vu l'article 7 de la loi du 10 mars 1891, article dont le
premier alinéa est ainsi conçu : « Un règlement d'administration publique fixera les moyens de sauvetage dont devront
être pourvus les navires affectés au transport des passagers,
suivant leur tonnage et la nature de leurs voyages ; tout capitaine qui prend la mer sans être pourvu de ces moyens de
sauvetage, qui ne les entretient pas en état de servir ou ne les
remplacera pas au besoin, est puni d'une amende de 50 à
1.500 fr. » ;

Vu le décret du 1er février 1893 relatif aux appareils à
vapeur des bateaux naviguant dans les eaux maritimes
(art. 1er) ;

Le conseil d'Etat entendu,

Décrète :

Art 1er. — Sont assujettis aux dispositions du présent décret tous les navires ou bateaux français affectés au transport des passagers sur mer, sur les étangs d'eau salée et dans la partie maritime des cours d'eau, en aval d'une limite déterminée, pour chaque cours d'eau, conformément aux dispositions de l'article 1er du décret du 1er février 1893.

Art. 2. — Tout navire ou bateau ayant à bord plus de dix personnes, non compris le capitaine, maître ou patron, les officiers et les hommes d'équipage, est réputé affecté au transport des passagers, alors même qu'il ne serait pas habituellement employé à ce service.

Art. 3. — Pour tout ce qui concerne l'exécution du présent décret, les navires ou bateaux affectés au transport des passagers sont répartis, suivant la nature de leurs voyages, en trois catégories, savoir :

1re *catégorie.* — Navires transportant des passagers pour des voyages au long cours et pour des voyages au cabotage, en dehors des parages visés dans les deux catégories suivantes.

2e *catégorie.* — Navires ou bateaux transportant des passagers :

Dans les estuaires ou embouchures des fleuves ;

Dans les baies et rades recevant directement la mer du large ;

Entre les côtes de France, de Corse ou d'Algérie et les îles qui bordent ces côtes à moins de 30 milles ;

Pour de courtes excursions en mer.

3e *catégorie.* — Navires ou bateaux transportant des passagers :

Dans les cours d'eau, entre l'embouchure et la limite dont il est question à l'article 1er ;

Dans les lacs, bassins et étangs d'eau salée;

Dans les baies et rades fermées.

Les voiliers armés pour la grande pêche et qui trans-portent dans leurs voyages d'aller et de retour des pê-cheurs, saleurs, tonneliers et autres personnes employées à l'industrie de la pêche, forment une catégorie spéciale.

TITRE Ier

Moyens de sauvetage des navires à passagers.

SECTION Ire

Navires de la 1re catégorie.

Art. 4. — Tout navire de cette catégorie doit avoir sous porte-manteaux des embarcations de sauvetage dont le nombre et la capacité totale sont fixés par le tableau annexé au présent décret. Les capitaines ne peuvent avoir à bord un nombre d'embarcations de sauvetage inférieur à celui fixé par ledit tableau que si celles dont ils disposent suffisent, d'après la règle posée à l'article 18 ci-après, pour contenir toutes les personnes présentes à bord. Dans ce cas, ils doivent préalablement déclarer à l'autorité maritime, coloniale ou consulaire, le nombre exact de ces personnes, ainsi que le nombre et la capacité des embarcations de sauvetage dont ils sont pourvus. Cette déclaration est consignée, par l'autorité qui la reçoit, sur le livre de bord du navire.

Art. 5. — La moitié au moins des embarcations de sauvetage prescrites par le tableau annexé au présent décret doit appartenir à l'un ou l'autre des types n°s 1 et 2 définis à l'article 14 ci-après, et offrir dans son ensemble une capacité au moins égale à la moitié de celle inscrite dans la troisième colonne dudit tableau.

Les autres embarcations de sauvetage peuvent appartenir indistinctement à l'un quelconque des types définis à l'article 14, sans toutefois qu'il puisse y en avoir plus de deux du type n° 4.

Art. 6. — Si les embarcations de sauvetage prescrites par le tableau annexé au présent décret n'offrent pas de place suffisante pour toutes les personnes présentes à bord, il y est adjoint des embarcations d'espèces et de dimensions quelconques sous la réserve contenue dans l'article 7 ci-après, ou des radeaux de sauvetage, en nombre tel que la capacité de ces engins de sauvetage supplémentaires, ajoutée à celle des embarcations prévues par le tableau, dépasse la capacité minimum inscrite dans la 3e colonne dudit tableau des trois quarts au moins pour les navires de 5.000 tonneaux de jauge brute et au-dessus, de moitié au moins pour les autres.

La capacité d'un radeau par rapport à celle d'une embarcation de sauvetage s'évalue en comptant 0^{m3},080 de caisson à air d'un radeau comme équivalent à 0^{m3},250 du volume intérieur d'une embarcation.

Nonobstant les dispositions ci-dessus, les capitaines ne sont jamais tenus d'embarquer plus d'engins de sauvetage supplémentaires qu'il n'en faut pour recevoir toutes les personnes présentes à bord.

Art. 7. — Les embarcations à moteur mécanique ne sont considérés comme engins de sauvetage supplémentaires que dans la limite d'une par navire.

Il est déduit de la capacité des embarcations de ce genre, calculée conformément aux dispositions de l'article 17 ci-après, l'espace qu'occupent le moteur et ses accessoires, espace qui est réputé égal aux trois quarts du produit, en mètres cubes, de la longueur des appareils évaporatoire et moteur par la largeur de l'embarcation hors bordé et par le creux.

Art. 8. — Indépendamment des engins de sauvetage prévus par les articles précédents, les navires de la première catégorie doivent être pourvus :

1° D'autant de bouées de sauvetage qu'ils ont d'embarcations sous porte-manteaux, sans que le nombre en puisse être inférieur à six ;

2° D'au moins une bouée lumineuse ;

3° De ceintures ou gilets de sauvetage en nombre au moins égal à celui des personnes embarquées ;

4° D'un canon ou fusil porte-amarres ou, à défaut, d'au moins trois fusées ou cerfs-volants porte-amarres.

SECTION II

Navires ou bateaux de la 2ᵉ catégorie.

Art. 9. — Les navires ou bateaux de cette catégorie doivent avoir à bord :

1° Au moins deux embarcations de sauvetage de type n° 1, n° 2 ou n° 3, placées sous porte-manteaux, à raison d'une de chaque bord, s'ils ont 100 tonneaux ou plus de jauge brute ; ils pourront toutefois être autorisés, dans la forme prévue à l'article 33, à n'en prendre qu'une si leurs installations ne permettent pas d'en avoir davantage sous porte-manteaux ;

Une seule embarcation de sauvetage également de type n° 1, n° 2 ou n° 3, et placée sous porte-manteaux, si leur jauge brute est inférieure à 100 tonneaux ;

2° Des embarcations d'espèces et de dimensions quelconques, des flotteurs, des ceintures ou gilets de sauvetage en nombre suffisant, avec les embarcations ou l'embarcation ci-dessus prescrite, pour toutes les personnes présentes à bord ;

3° Au moins quatre bouées de sauvetage ;

4° Au moins deux fusées ou cerfs-volants porte-amarres.

SECTION III

Navires ou bateaux de la 3ᵉ catégorie.

Art. 10. — Les navires ou bateaux de cette catégorie doivent avoir à bord :

1° Au moins une embarcation de sauvetage de l'un quelconque des quatre types définis à l'article 14 ;

2° Des flotteurs et des ceintures ou gilets de sauvetage en nombre suffisant, avec l'embarcation ci-dessus prescrite, pour toutes les personnes présentes à bord ;

3° Quatre bouées de sauvetage au moins.

SECTION IV

Voiliers de grande pêche transportant des passagers.

Article 11. — Sous la réserve contenue dans l'article suivant, tout voilier de cette catégorie doit avoir autant d'embarcations de sauvetage de type n° 1 ou n° 2 qu'il est nécessaire pour contenir toutes les personnes présentes à bord.

Si une seule embarcation suffit, elle doit être disposée de manière à ce qu'elle puisse être mise à l'eau indifféremment d'un bord ou de l'autre.

Si plusieurs embarcations sont nécessaires, une au moins de chaque bord doit être placée sous porte-manteaux.

Art. 12. — Les voiliers prévus à l'article qui précède pourront, dans tous les cas, n'emporter que deux canots de type n° 1 ou n° 2, s'ils disposent d'embarcations de pêche en bon état, placées sur le pont de manière à pouvoir être mises à l'eau rapidement et suffisant, avec lesdits canots, à contenir toutes les personnes présentes à bord.

Art. 13. — Outre les engins de sauvetage mentionnés aux deux articles précédents, tout voilier de grande pêche transportant des passagers doit avoir :

Au moins trois bouées de sauvetage, dont une lumineuse ;

Des ceintures ou gilets de sauvetage en nombre au moins égal à celui des personnes embarquées ;

Au moins deux fusées ou cerfs-volants porte-amarres.

TITRE II

Conditions auxquelles doivent satisfaire les engins de sauvetage prescrits par le présent décret.

SECTION Ire

Embarcations de sauvetage.

Art. 14. — Les embarcations de sauvetage appartiennent à l'un des types suivants :

Type n° 1. — Embarcation bien construite, en bois ou en métal, munie intérieurement de caissons à air étanches d'une capacité suffisante pour que l'embarcation, remplie d'eau et munie de son armement complet ou d'un poids équivalent, supporte, en eau douce, sans couler, un poids de fer exprimé en kilogrammes, égal au dixième de la capacité de l'embarcation exprimée en décimètres cubes.

Type n° 2. — Embarcation bien construite, en bois ou en métal, dont la flottabilité, égale au moins à celle d'une

embarcation de type n° 1, est assurée moitié par des caissons à air intérieurs, moitié par une garniture insubmersible faisant à l'extérieur le tour de l'embarcation..

Type n° 3. — Embarcation bien construite, en bois ou
en métal, dont la flottabilité, inférieure de moitié au plus
à celle d'une embarcation de type n° 1 ou n° 2, est assurée
par les mêmes dispositifs que ceux déterminés ci-dessus
pour les embarcations de type n° 2.

Type n° 4. — Embarcation bien construite en bois ou
en métal.

Aucune embarcation ayant moins de 3 mètres cubes
de capacité n'est considérée comme répondant aux conditions du présent article.

Art. 15. — Les caissons à air des embarcations de sauvetage ne doivent pas avoir plus de 1 m. 20 de longueur.
Ils doivent être solides et parfaitement étanches. Les
caissons des embarcations en bois seront en cuivre, lai-
ton ou autre substance solide et durable. Ceux des embarcations métalliques pourront être confectionnés avec
le même métal que la coque et faire corps avec celle-ci.

Art. 16. — La garniture insubmersible des embarcations de sauvetage doit être confectionnée en liège plein
ou autre substance reconnue de flottabilité au moins
égale, recouvert de toile peinte.

Pour évaluer la puissance de flottabilité de cette garniture par rapport à celle des caissons à air, on admet
qu'un volume donné de caissons à air équivaut au même
volume de liège augmenté d'un quart.

Art. 17. — La capacité d'une embarcation s'obtient en
prenant les six dixièmes du produit, en mètres cubes,
de la longueur hors bordé, par la largeur hors bordé
et par le creux.

Le creux des embarcations dont la fargue est munie

d'ouvertures pour les avirons se mesure seulement à partir du fond de ces ouvertures.

Art. 18. — Le nombre des personnes qu'une embarcation peut contenir doit être inscrit sur l'embarcation d'une façon très apparente. Il s'obtient en divisant la capacité intérieure de celle-ci par $0^{m3},250$, s'il s'agit d'une embarcation de sauvetage de type n° 1, par $0^{m3},200$ s'il s'agit d'une autre embarcation.

Art. 19. — Le mode d'installation des embarcations de sauvetage à bord des navires et bateaux et le matériel d'armement dont elles sont pourvues sont déterminés par arrêté ministériel.

Art. 20. — Les embarcations de sauvetage doivent être entretenues en bon état de navigabilité, et toujours munies de leur armement complet.

Pour les voyages prévus à la section 1re il doit y avoir, à bord ou tout au moins à portée de chaque embarcation, des récipients étanches contenant de l'eau potable et du biscuit de bonne qualité pour le maximum des personnes qu'elle peut contenir et au moins pour cinq jours. Ces vivres et boissons devront être renouvelés tous les quinze jours au moins.

SECTION II

Radeaux de sauvetage.

Art. 21. — Le nombre de personnes que peut supporter un radeau de sauvetage est déterminé par le volume des caissons à air étanches dont il dispose, à raison de $0^{m3},080$ par personne.

Les dispositions contenues dans le deuxième alinéa de l'article 15 ci-dessus sont applicables aux caissons à air des radeaux de sauvetage.

Art. 22. — Le liège en grains ou en déchets ne doit

jamais entrer dans la construction des radeaux de sauvetage.

Art. 23. — Les radeaux de sauvetage portent, sur une plaque très apparente, l'indication du nombre de personnes qu'ils sont susceptibles de recevoir.

Un arrêté ministériel fixe le matériel d'armement dont ils doivent être munis.

SECTION III

Flotteurs.

Art. 24. — Le nombre des personnes qu'un flotteur peut soutenir s'obtient en divisant par 14 le poids de fer, exprimé en kilogrammes, complètement immergé, que le flotteur peut soutenir sans couler en eau douce.

Ce nombre doit être inscrit sur l'appareil d'une façon très visible.

Art. 25. — Tout flotteur doit être entouré d'une ligne de sauvetage formant guirlande et offrir une périphérie suffisante pour que chacune des personnes qu'il est destiné à soutenir dispose, pour s'appuyer, d'un espace horizontal de 30 centimètres au moins.

Art. 26. — Les dispositions contenues dans le deuxième alinéa de l'article 15 sont applicables aux caissons à air des flotteurs munis d'appareils de ce genre.

SECTION IV

Bouées de sauvetage.

Art. 27. — Les bouées de sauvetage doivent être confectionnées avec du liège plein ou autres matériaux de bonne qualité, à l'exclusion des déchets ou copeaux de liège et autres substances sans cohésion.

Elles doivent pouvoir flotter en eau douce pendant au moins vingt-quatre heures en soutenant, sans couler, une masse de fer, complètement immergée, du poids de 15 k.

Art. 28. — Toutes les bouées de sauvetage doivent être garnies de filières et une au moins de chaque bord doit être garnie d'une ligne d'une longueur minimum de 25 m.

De plus, une bouée au moins de chaque bord doit être surmontée d'un mâtereau avec pavillon de couleur voyante.

Art. 29. — Les bouées de sauvetage doivent être placées, à bord, en des endroits facilement accessibles pour tous, et particulièrement pour les officiers et hommes de quart.

Elles doivent pouvoir être facilement et rapidement saisies.

SECTION V

Ceintures et gilets de sauvetage.

Art. 30. — Les ceintures et gilets de sauvetage doivent pouvoir flotter en eau douce pendant au moins vingt-quatre heures en soutenant, sans couler, une masse de fer, complètement immergée, du poids de 7 kilogrammes.

Ces engins sont placés à bord en des endroits facilement accessibles, et les dispositions sont prises pour qu'en cas d'accident, chacun sache où trouver celui qui lui est destiné.

TITRE III

Dispositions générales.

Art. 31. — Afin de s'assurer que les engins de sauvetage dont les navires à passagers doivent être pourvus sont en bon état d'entretien, il sera procédé, plusieurs fois par an, à bord de chaque navire armé, à des épreuves dans des conditions qui seront déterminées par un arrêté ministériel.

Art. 32. — Tout navire ou bateau pourvu de compartiments étanches en nombre suffisant pour qu'il puisse flotter avec l'un quelconque de ses compartiments entièrement rempli d'eau, peut être autorisé à n'avoir à bord que la moitié des engins de sauvetage supplémentaires prescrits par les articles 6, 9 (2°) et 10 (2°) du présent décret. Cette dispense ne s'étend, en aucun cas, aux ceintures et gilets de sauvetage.

Art. 33. — Les chefs d'arrondissement et de sous-arrondissement maritimes peuvent, après avis de la commission de visite, accorder dispense de partie des prescriptions du présent décret dans les cas où il serait reconnu que cette dispense ne peut avoir d'inconvénients.

Les mêmes autorités déterminent, dans les mêmes conditions, les engins de sauvetage dont les bacs, à vapeur ou autres, naviguant en aval de la limite mentionnée à l'article 1er doivent être pourvus.

Art. 34. — Les navires ou bateaux appartenant aux divers services de l'État ne sont pas soumis aux dispositions du présent décret.

Art. 35. — Le Ministre de la Marine pourra appliquer, en tout ou en partie, les dispositions du présent décret aux navires des pays étrangers dans lesquels les navires français sont soumis à une réglementation sur la matière.

Art. 36. — Le Ministre de la Marine est chargé de l'exécution du présent décret, qui sera publié au *Journal officiel* et inséré au *Bulletin des lois* et au *Bulletin officiel* de la marine.

Fait à Paris, le 26 juin 1903

ÉMILE LOUBET.

Par le Président de la République :

Le Ministre de la Marine,
CAMILLE PELLETAN.

TABLEAU donnant, pour les navires visés à l'article 4 du décret, le nombre minimum d'embarcations qu'ils doivent avoir sous porte-manteaux et la capacité minimum que doit représenter l'ensemble de ces embarcations.

JAUGE BRUTE DE LA DOUANE					NOMBRE minimum d'embarcations sous porte-manteaux.	CAPACITÉ minimum de l'ensemble des embarcations sous porte-manteaux.
10.000 tonneaux et au-dessus					16	155 m. c.
9.000 et au-dessous de 10.000 tonneaux					14	149 —
8.500	—	9.000	—		14	144 —
8.000	—	8.500	—		14	142 —
7.750	—	8.000	—		12	133 —
7.500	—	7.750	—		12	129 —
7.250	—	7.500	—		12	127 —
7.000	—	7.250	—		12	125 —
6.750	—	7.000	—		12	122 —
6.500	—	6.750	—		12	119 —
6.250	—	6.500	—		12	116 —
6.000	—	6.250	—		12	113 —
5.750	—	6.000	—		10	105 —
5.500	—	5.750	—		10	101 —
5.250	—	5.500	—		10	100 —
5.000	—	5.250	—		10	96 —
4.750	—	5.000	—		10	94 —
4.500	—	4.750	—		8	82 —
4.250	—	4.500	—		8	82 —
4.000	—	4.250	—		8	79 —
3.750	—	4.000	—		8	76 —
3.500	—	3.750	—		8	73 —
3.250	—	3.500	—		8	71 —
3.000	—	3.250	—		8	68 —
2.750	—	3.000	—		6	60 —
2.500	—	2.750	—		6	58 —
2.250	—	2.500	—		6	57 —
2.000	—	2.250	—		6	56 —
1.750	—	2.000	—		6	51 —
1.500	—	1.750	—		6	48 —
1.250	—	1.500	—		6	42 —
1.000	—	1.250	—		4	34 —
900	—	1.000	—		4	28 —
800	—	900	—		4	25 —
700	—	800	—		4	23 —
600	—	700	—		3	20 —
500	—	600	—		3	16 —
400	—	500	—		2	12 —
300	—	400	—		2	10 —
200	—	300	—		2	8 —
150	—	200	—		2	7 —
100	—	150	—		2	6 —

Pour les navires dont la jauge brute totale est inférieure à 100 tonneaux, une seule embarcation de type n° 1, 2 ou 3, est exigée.

NOTA. — Les navires en service à l'époque de la promulgation du présent décret pourront n'avoir qu'un nombre d'embarcations inférieur au minimum fixé par la colonne 2, si la capacité totale des embarcations qu'ils ont sous porte-manteaux est égale ou supérieure au minimum fixé par la colonne 3.

ARRÊTÉ DU 2 MAI 1904

Le président du conseil, ministre de l'intérieur et des cultes, chargé par intérim du ministère de la marine,

Vu le décret du 26 juin 1903 relatif aux moyens·de sauvetage dont devront être pourvus les navires affectés au transport des passagers,

Arrête :

Art. 1ᵉʳ. — Les embarcations de sauvetage, à bord des navires transportant des passagers, doivent être installées de façon à pouvoir être amenées rapidement.

Les poulies inférieures de leurs palans de suspension doivent pouvoir être détachées instantanément ; mais il n'est pas nécessaire que cette opération se fasse simultanément ou automatiquement.

Ces poulies ne doivent pas être munies de crocs susceptibles de s'engager sous les bancs ou sous les fargues.

Les étuis ou capots de mer des embarcations doivent être tenus par une passeresse suiffée ou tout autre procédé permettant de les larguer sans perte de temps.

Art. 2. — A bord des navires à vapeur de plus de 300 tonneaux de jauge brute, une embarcation légère au moins doit être conservée sur porte-manteaux tournés en dehors, prête à amener pour le sauvetage éventuel d'un homme tombé à la mer.

Art. 3. — Les embarcations sous porte-manteaux, même lorsqu'elles sont rentrées en dedans, doivent toujours être sur leurs palans ; si elles reposent sur des

chantiers, ceux-ci doivent pouvoir s'enlever assez facilement et de telle façon qu'il soit inutile de hisser l'embarcation pour la pousser en dehors. L'installation devra
être telle que l'embarcation puisse être mise à l'eau en
moins de 7 minutes, le navire étant droit.

Art. 4. — Les porte-manteaux, réas, garants de palans,
poulies, boucles, pitons et autres organes de manœuvre
doivent être d'une force suffisante. Aucune partie de l'appareil de suspension d'une embarcation ne doit être en
métal fondu. L'écart existant entre les porte-manteaux,
d'une part, et les points de suspension des embarcations,
d'autre part, doit être calculé de façon que les embarcations puissent être facilement poussées en dehors.

Art. 5. — Des échelles de corde à marches, avec tireveilles (en nombre égal avec celui des canots) doivent
être disposées de chaque bord pour permettre l'embarquement dans les canots.

Art. 6. — Les garants des palans d'embarcations
doivent être assez longs pour que celles-ci puissent être
amenées avec sécurité, le navire étant lège. La longueur
des tireveilles, fixées à l'entremise des porte-manteaux
des échelles d'embarquement et de leurs tireveilles, etc.
doit être suffisante pour permettre l'embarquement dans
les canots, le navire étant lège.

Art. 7. — Chaque embarcation doit être munie de :

Un jeu complet d'avirons avec leurs sauvegardes, plus
deux avirons de rechange ;

Deux tampons pour chaque câble attachés à l'embarcation avec des garcettes ou des chaînettes ;

Un jeu et demi de tolets ou tolets à fourches attachés
à l'embarcation par de solides aiguillettes ;

Une ancre (ou grappin) avec câblot d'une longueur
minimum de 60 mètres ;

Un gouvernail et sa barre attachés par des sauvegardes, montés et prêts à servir (un aviron de queue avec ferrure spéciale pour les canots où il y aurait de la difficulté à monter le gouvernail) ;

Une bosse de 35 mètres de longueur au moins ;

Une gaffe ;

Une escope ou une pompe à main ;

Une boîte de signaux pyrotechniques et ce qui est nécessaire pour leur inflammation ;

Un coffre pour serrer les menus objets de matériel.

Art. 8. — Les embarcations du type n° 1 ou n° 2 doivent, jusqu'à concurrence du tiers du nombre total des embarcations du navire, être munies d'un armement supplémentaire comprenant :

Deux haches ou hachettes placées, l'une à l'avant de l'embarcation, l'autre à l'arrière et solidement attachées au canot par des rabans ;

Un ou plusieurs mâts et au moins une bonne voile avec le gréement correspondant ;

Une corde fixée en guirlande tout autour de l'embarcation à l'extérieur ;

Un bon compas ;

Quatre litres au moins d'huile animale ou végétale avec un dispositif convenable pour le filage de l'huile par mer agitée ;

Un fanal garni pouvant brûler au moins pendant huit heures.

Art. 9. — Les radeaux doivent être munis d'attrappes en ligne terminées par de petits flotteurs, d'avirons en nombre proportionné à leur dimension avec un dispositif permettant leur emploi et d'un faux bras d'au moins 35 mètres.

Art. 10. — Les embarcations doivent toujours avoir

leur matériel d'armement complet à bord, maintenu par des jarretières ou des rabans faciles à larguer.

A moins d'impossibilité dûment constatée par les commissions de visite, les cinq jours de vivres de prévoyance doivent être conservés dans les embarcations. L'eau douce et le biscuit devront être enfermés, autant que possible, dans des récipients à fermeture hermétique, mais pouvant cependant s'ouvrir et être visités fréquemment afin que leur contenu soit renouvelé aussi souvent qu'il sera nécessaire, le délai de quinze jours prévu par l'article 20 du décret du 26 juin 1903 étant un maximum.

Le matériel d'armement des radeaux devra être saisi sur les radeaux eux-mêmes ; les vivres seront placés à proximité, une inscription très apparente indiquera leur destination.

Art. 11. — L'inventaire détaillé du matériel et des vivres de chaque embarcation et de chaque radeau devra être inscrit sur une planchette placée dans l'embarcation ou attachée au radeau.

Art. 12. — Tous les jours, à l'heure fixée par le capitaine, il sera fait, par un des officiers du bord, une ronde pour s'assurer que toutes les dispositions sont bien prises en vue de la mise à la mer des embarcations et radeaux et que le matériel et les vivres prescrits sont au complet et aux postes assignés.

Il sera procédé périodiquement et au moins une fois par mois, par l'équipage, à des exercices d'entraînement aux différentes manœuvres à effectuer en cas de naufrage ou d'incendie.

Les résultats de cette ronde et de ces exercices seront inscrits au journal de bord.

Les administrateurs des quartiers devront s'assurer, aussi fréquemment que possible, que les journaux de bord des navires portent très exactement les mentions relatives à l'exécution de ces prescriptions et que ces mentions correspondent bien à des rondes et à des exercices réellement effectués.

Ils en rendront compte au ministre à la fin de chaque semestre et, en outre, chaque fois qu'ils auront l'occasion de constater une infraction, omission ou négligence.

Art. 13. — Un rôle de sauvetage sera dressé à bord de chaque navire affecté au transport des passagers. Il figurera sur la liste des documents dont le capitaine doit être muni et dont l'existence à bord sera certifiée par le visa du service de l'inscription maritime en tête du rôle d'équipage.

Le rôle de sauvetage indiquera les dispositions à prendre pour le sauvetage du personnel et fixera les postes et factions des officiers, hommes d'équipage et gens de service. Des extraits de ce rôle seront affichés dans le poste de l'équipage et dans les postes des gens de service. Chaque officier devra être en possession d'un extrait concernant plus spécialement les fonctions qui lui sont dévolues.

Un tableau indiquant d'une manière détaillée le matériel de sauvetage dont est muni le bâtiment et la place occupée par chaque engin, ainsi que le nombre de personnes que peut porter chaque embarcation, radeau ou flotteur, sera dressée en tête du rôle de sauvetage.

Lors de la première inspection qu'elle passera à bord de tout bâtiment affecté à un transport de passagers, la commission prévue à l'article 14 ci-après vérifiera l'exactitude de ce tableau et s'assurera que le matériel de sauvetage remplit bien les conditions prescrites par le décret du 26 juin 1903 et par le présent arrêté. Elle visitera le tableau en y inscrivant ses observations s'il y a lieu.

Le rôle de sauvetage servira, en outre, à la constatation des visites de la commission à laquelle il devra être présenté à chaque inspection ; il sera réservé, à cet effet, quelques pages blanches pour l'inscription des dates des visites et des observations de la commission et l'apposition de son visa. Les dispositions spéciales accordées conformément à l'article 33 du décret du 26 juin 1903 seront également inscrites sur le rôle [de sauvetage et certifiées par l'administrateur de l'inscription maritime.

Art. 14. — Dans chaque port de commerce, il est constitué une commission permanente de surveillance du matériel de sauvetage à bord des navires à passagers, composée de cinq ou sept membres.

Cette commission comprend obligatoirement :

1° L'administrateur de l'inscription maritime du quartier ;

2° Un officier de port ou, à défaut d'officier, un maître de port ;

3° Deux capitaines au long cours ou maîtres au cabotage.

Elle est complétée par un ou par trois membres choisis dans l'ordre suivant :

a) Un ingénieur du génie maritime et, de préférence, l'officier de ce corps chargé de la surveillance des travaux confiés à l'industrie, s'il en existe un dans la localité ;

b) Un ou deux officiers de marine ou officiers mécaniciens de la marine, en activité ou en retraite, le choix étant réparti, autant que possible, entre ces deux corps ;

c) Un mécanicien breveté de 1re classe ou de 2e classe de la marine marchande.

Les différents membres de cette commission sont désignés par le chef du service de l'inscription maritime ; ils sont choisis sur des listes présentées par lui et approuvées par le ministre. Seuls, les officiers en activité sont désignés par le préfet maritime et choisis sur une liste établie et approuvée dans la même forme.

L'armateur ou son représentant et un inscrit désigné par l'équipage assistent aux opérations de la commission, devant laquelle ils sont appelés à présenter leurs observations.

Art. 15. — La commission de surveillance s'assure, avant la mise en service de tout navire destiné au transport des passagers, ou lors de sa première inspection, si le navire est déjà en service, que les prescriptions du décret du 26 juin 1903 et du présent arrêté ont été observées. Chaque navire en service doit être visité au moins deux fois par an.

La commission procède, à bord du navire à visiter, à une inspection et à des épreuves du matériel de sauvetage.

Munie du rôle de sauvetage qui lui est remis par le capitaine, elle vérifie le nombre des embarcations et des radeaux, et s'assure que leur matériel est au complet, ainsi que les cinq jours de vivres de prévoyance, et que tout est bien aux postes assignés ; elle contrôle les planchettes d'inventaire prévues à l'article 11.

Elle vérifie ensuite le nombre des bouées de sauvetage, bouées lumineuses, flotteurs, ceintures et gilets de sauvetage, s'assure que ces objets sont en bon état et à des places bien accessibles. Elle se fait présenter les engins porte-amarres et constate qu'ils sont en bon état et qu'ils répondent aux conditions prescrites.

Art. 16. — L'inspection est suivie d'une épreuve du matériel et des installations comprenant :

1° La mise à l'eau de la moitié des embarcations au moins ; — la commission doit vérifier que, pour chaque embarcation sous porte-manteaux, le temps nécessaire pour la mise à l'eau n'excède pas le délai fixé à l'article 3 ; elle s'assure, en outre, que les embarcations ne font pas d'eau.

2° La mise à l'eau de quelques radeaux ou flotteurs, pour s'assurer qu'ils n'ont pas perdu leurs qualités de flottabilité.

3° L'essai de quelques artifices pris au hasard dans les boîtes des embarcations.

4° Si la commission le juge convenable, l'essai de la bouée lumineuse et le tir d'une charge de poudre du canon ou du fusil porte-amarres.

Art. 17. — La commission clôture ses opérations en visant le rôle de sauvetage et inscrit sur le tableau dressé en tête dudit rôle la date de la visite et le sommaire des constatations faites, ainsi que ses observations.

Chaque visite donne lieu à un procès-verbal, adressé, en double expédition, au chef du sous-arrondissement maritime ; celui-ci transmet l'une des expéditions au ministre (direction de la marine marchande) avec ses observations, et lui rend compte, s'il y a lieu, des dispenses qu'il pourrait avoir accordées, après avis de la commission de visite, conformément à l'article 33 du décret du 26 juin 1903.

Paris, le 2 mai 1904.

E. COMBES.

SUPPLÉMENT AU " MANUEL DE SAUVETAGE "

Dispositions nouvelles

ARRÊTÉ MINISTÉRIEL DU 2 MAI 1904

Le président du conseil, ministre de l'intérieur et des cultes, chargé par intérim du ministère de la marine,

Vu le décret du 26 juin 1903 relatif aux moyens de sauvetage dont devront être pourvus les navires affectés au transport des passagers,

Arrête :

Art. 1er. — Les embarcations de sauvetage, à bord des navires transportant des passagers, doivent être installées de façon à pouvoir être amenées rapidement.

Les poulies inférieures de leurs palans de suspension doivent pouvoir être détachées instantanément ; mais il n'est pas nécessaire que cette opération se fasse simultanément ou automatiquement.

Ces poulies ne doivent pas être munies de crocs susceptibles de s'engager sous les bancs ou sous les fargues.

Les étuis ou capots de mer des embarcations doivent être tenus par une passeresse suiffée ou tout autre procédé permettant de les larguer sans perte de temps.

Art. 2. — A bord des navires à vapeur de plus de 300 tonneaux de jauge brute, une embarcation légère au moins doit être conservée sur porte-manteaux tournés en dehors, prête à amener pour le sauvetage éventuel d'un homme tombé à la mer.

Art. 3. — Les embarcations sous porte-manteaux, même lorsqu'elles sont rentrées en dedans, doivent toujours être sur leurs palans ; si elles reposent sur des chantiers, ceux-ci doivent pouvoir s'enlever assez facilement et de telle façon qu'il soit inutile de hisser l'embarcation pour la pousser en dehors. L'installation devra être telle que l'embarcation puisse être mise à l'eau en moins de 7 minutes, le navire étant droit.

Art. 4. — Les porte-manteaux, réas, garants de palans, poulies, boucles, pitons et autres organes de manœuvre doivent être d'une force suffisante. Aucune partie de l'appareil de suspension d'une embarcation ne doit être en métal fondu. L'écart existant entre les porte-manteaux, d'une part, et les points de suspension des embarcations, d'autre part, doit être calculé de façon que les embarcations puissent être facilement poussées en dehors.

Art. 5. — Des échelles de corde à marches, avec tire-veilles (en nombre égal avec celui des canots) doivent être disposées de chaque bord pour permettre l'embarquement dans les canots.

Art. 6. — Les garants des palans d'embarcations doivent être assez longs pour que celles-ci puissent être amenées avec sécurité, le navire étant lège. La longueur des tireveilles, fixées à l'entremise des porte-manteaux des échelles d'embarquement et de leurs tireveilles, etc. doit être suffisante pour permettre l'embarquement dans les canots, le navire étant lège.

Art. 7. — Chaque embarcation doit être munie de :

Un jeu complet d'avirons avec leurs sauvegardes, plus deux avirons de rechange ;

Deux tampons pour chaque câble attachés à l'embarcation avec des garcettes ou des chaînettes ;

Un jeu et demi de tolets ou tolets à fourches attachés à l'embarcation par de solides aiguillettes ;

Une ancre (ou grappin) avec câblot d'une longueur minimum de 60 mètres ;

Un gouvernail et sa barre attachés par des sauvegardes, montés et prêts à servir (un aviron de queue
avec ferrure spéciale pour les canots où il y aurait de la
difficulté à monter le gouvernail) ;

Une bosse de 35 mètres de longueur au moins ;

Une gaffe ;

Une escope ou une pompe à main ;

Une boîte de signaux pyrotechniques et ce qui est nécessaire pour leur inflammation ;

Un coffre pour serrer les menus objets de matériel.

Art. 8. — Les embarcations du type n° 1 ou n° 2
doivent, jusqu'à concurrence du tiers du nombre total
des embarcations du navire, être munies d'un armement
supplémentaire comprenant :

Deux haches ou hachettes placées, l'une à l'avant de
l'embarcation, l'autre à l'arrière et solidement attachées
au canot par des rabans ;

Un ou plusieurs mâts et au moins une bonne voile
avec le gréement correspondant ;

Une corde fixée en guirlande tout autour de l'embarcation à l'extérieur ;

Un bon compas ;

Quatre litres au moins d'huile animale ou végétale
avec un dispositif convenable pour le filage de l'huile par
mer agitée ;

Un fanal garni pouvant brûler au moins pendant huit
heures.

Art. 9. — Les radeaux doivent être munis d'attrappes
en ligne terminées par de petits flotteurs, d'avirons en
nombre proportionné à leur dimension avec un dispositif permettant leur emploi et d'un faux bras d'au
moins 35 mètres.

Art. 10. — Les embarcations doivent toujours avoir

leur matériel d'armement complet à bord, maintenu par des jarretières ou des rabans faciles à larguer.

A moins d'impossibilité dûment constatée par les commissions de visite, les cinq jours de vivres de prévoyance doivent être conservés dans les embarcations. L'eau douce et le biscuit devront être enfermés, autant que possible, dans des récipients à fermeture hermétique, mais pouvant cependant s'ouvrir et être visités fréquemment afin que leur contenu soit renouvelé aussi souvent qu'il sera nécessaire, le délai de quinze jours prévu par l'article 20 du décret du 26 juin 1903 étant un maximum.

Le matériel d'armement des radeaux devra être saisi sur les radeaux eux-mêmes; les vivres seront placés à proximité, une inscription très apparente indiquera leur destination.

Art. 11. — L'inventaire détaillé du matériel et des vivres de chaque embarcation et de chaque radeau devra être inscrit sur une planchette placée dans l'embarcation ou attachée au radeau.

Art. 12. — Tous les jours, à l'heure fixée par le capitaine, il sera fait, par un des officiers du bord, une ronde pour s'assurer que toutes les dispositions sont bien prises en vue de la mise à la mer des embarcations et radeaux et que le matériel et les vivres prescrits sont au complet et aux postes assignés.

Il sera procédé périodiquement et au moins une fois par mois, par l'équipage, à des exercices d'entraînement aux différentes manœuvres à effectuer en cas de naufrage ou d'incendie.

Les résultats de cette ronde et de ces exercices seront inscrits au journal de bord.

Les administrateurs des quartiers devront s'assurer, aussi fréquemment que possible, que les journaux de bord des navires portent très exactement les mentions relatives à l'exécution de ces prescriptions et que ces mentions correspondent bien à des rondes et à des exercices réellement effectués.

Ils en rendront compte au ministre à la fin de chaque semestre et, en outre, chaque fois qu'ils auront l'occasion de constater une infraction, omission ou négligence.

Art. 13. — Un rôle de sauvetage sera dressé à bord de chaque navire affecté au transport des passagers. Il figurera sur la liste des documents dont le capitaine doit être muni et dont l'existence à bord sera certifiée par le visa du service de l'inscription maritime en tête du rôle d'équipage.

Le rôle de sauvetage indiquera les dispositions à prendre pour le sauvetage du personnel et fixera les postes et factions des officiers, hommes d'équipage et gens de service. Des extraits de ce rôle seront affichés dans le poste de l'équipage et dans les postes des gens de service. Chaque officier devra être en possession d'un extrait concernant plus spécialement les fonctions qui lui sont dévolues.

Un tableau indiquant d'une manière détaillée le matériel de sauvetage dont est muni le bâtiment et la place occupée par chaque engin, ainsi que le nombre de personnes que peut porter chaque embarcation, radeau ou flotteur, sera dressée en tête du rôle de sauvetage.

Lors de la première inspection qu'elle passera à bord de tout bâtiment affecté à un transport de passagers, la commission prévue à l'article 14 ci-après vérifiera l'exactitude de ce tableau et s'assurera que le matériel de sauvetage remplit bien les conditions prescrites par le décret du 26 juin 1903 et par le présent arrêté. Elle visitera le tableau en y inscrivant ses observations s'il y a lieu.

Le rôle de sauvetage servira, en outre, à la constatation des visites de la commission à laquelle il devra être présenté à chaque inspection ; il sera réservé, à cet effet, quelques pages blanches pour l'inscription des dates des visites et des observations de la commission et l'apposition de son visa. Les dispositions spéciales accordées conformément à l'article 33 du décret du 26 juin 1903 seront également inscrites sur le rôle de sauvetage et certifiées par l'administrateur de l'inscription maritime.

Art. 14. — Dans chaque port de commerce, il est constitué une commission permanente de surveillance du matériel de sauvetage à bord des navires à passagers, composée de cinq ou sept membres.

Cette commission comprend obligatoirement :

1° L'administrateur de l'inscription maritime du quartier ;

2° Un officier de port ou, à défaut d'officier, un maître de port ;

3° Deux capitaines au long cours ou maîtres au cabotage.

Elle est complétée par un ou par trois membres choisis dans l'ordre suivant :

a) Un ingénieur du génie maritime et, de préférence, l'officier de ce corps chargé de la surveillance des travaux confiés à l'industrie, s'il en existe un dans la localité ;

b) Un ou deux officiers de marine ou officiers mécaniciens de la marine, en activité ou en retraite, le choix étant réparti, autant que possible, entre ces deux corps ;

c) Un mécanicien breveté de 1re classe ou de 2e classe de la marine marchande.

Les différents membres de cette commission sont désignés par le chef du service de l'inscription maritime ; ils sont choisis sur des listes présentées par lui et approuvées par le ministre. Seuls, les officiers en activité sont désignés par le préfet maritime et choisis sur une liste établie et approuvée dans la même forme.

L'armateur ou son représentant et un inscrit désigné par l'équipage assistent aux opérations de la commission, devant laquelle ils sont appelés à présenter leurs observations.

Art. 15. — La commission de surveillance s'assure, avant la mise en service de tout navire destiné au transport des passagers, ou lors de sa première inspection, si le navire est déjà en service, que les prescriptions du décret du 26 juin 1903 et du présent arrêté ont été observées. Chaque navire en service doit être visité au moins deux fois par an.

La commission procède, à bord du navire à visiter, à une inspection et à des épreuves du matériel de sauvetage.

Munie du rôle de sauvetage qui lui est remis par le capitaine, elle vérifie le nombre des embarcations et des radeaux, et s'assure que leur matériel est au complet, ainsi que les cinq jours de vivres de prévoyance, et que tout est bien aux postes assignés ; elle contrôle les planchettes d'inventaire prévues à l'article 11.

Elle vérifie ensuite le nombre des bouées de sauvetage, bouées lumineuses, flotteurs, ceintures et gilets de sauvetage, s'assure que ces objets sont en bon état et à des places bien accessibles. Elle se fait présenter les engins porte-amarres et constate qu'ils sont en bon état et qu'ils répondent aux conditions prescrites.

Art. 16. — L'inspection est suivie d'une épreuve du matériel et des installations comprenant :

1° La mise à l'eau de la moitié des embarcations au moins ; — la commission doit vérifier que, pour chaque embarcation sous porte-manteaux, le temps nécessaire pour la mise à l'eau n'excède pas le délai fixé à l'article 3 ; elle s'assure, en outre, que les embarcations ne font pas d'eau.

2° La mise à l'eau de quelques radeaux ou flotteurs, pour s'assurer qu'ils n'ont pas perdu leurs qualités de flottabilité.

3° L'essai de quelques artifices pris au hasard dans les boîtes des embarcations.

4° Si la commission le juge convenable, l'essai de la bouée lumineuse et le tir d'une charge de poudre du canon ou du fusil porte-amarres.

Art. 17. — La commission clôture ses opérations en visant le rôle de sauvetage et inscrit sur le tableau dressé en tête dudit rôle la date de la visite et le sommaire des constatations faites, ainsi que ses observations.

Chaque visite donne lieu à un procès-verbal, adressé, en double expédition, au chef du sous-arrondissement maritime ; celui-ci transmet l'une des expéditions au ministre (direction de la marine marchande) avec ses observations, et lui rend compte, s'il y a lieu, des dispenses qu'il pourrait avoir accordées, après avis de la commission de visite, conformément à l'article 33 du décret du 26 juin 1903.

Paris, le 2 mai 1904.

E. COMBES.

DIJON, IMPRIMERIE DARANTIERE.

9 782019 636708